GUADELOUPE ET DÉPENDANCES

# ARRÊTÉ, LOIS ET DÉCRETS

CONCERNANT

# LA CAISSE D'ÉPARGNE

DE

## LA POINTE-A-PITRE (GUADELOUPE)

BASSE-TERRE

IMPRIMERIE DU GOUVERNEMENT

1882

# ARRÊTÉ, LOIS ET DÉCRETS

## CONCERNANT

# LA CAISSE D'ÉPARGNE

### DE

## LA POINTE-A-PITRE (GUADELOUPE)

**BASSE-TERRE**

IMPRIMERIE DU GOUVERNEMENT

1882

# ARRÊTÉ,

# LOIS ET DÉCRETS

### CONCERNANT

## LA CAISSE D'ÉPARGNE

I E

## LA POINTE-A-PITRE (GUADELOUPE).

Le Gouverneur de la Guadeloupe et dépendances p. i.

Vu l'article 66, § 1er, de l'ordonnance organique du 9 février 1827-22 août 1833;

Vu la dépêche ministérielle en date du 30 novembre 1880, n° 463;

Sur la proposition du directeur de l'intérieur,

Arrête :

Article 1er. Sont promulgués à la Guadeloupe et dans ses dépendances :

1° Le décret du Président de la République en date du 14 décembre 1880, autorisant la création d'une caisse d'épargne à la Pointe-à-Pitre, et portant approbation des statuts de cet établissement;

2° Les articles 2, 3, 4, 7, 8, 10 et 11 de la loi du 5 juin 1835 relative aux caisses d'épargne;

3° L'article 1er de la loi du 31 mars 1837 qui attribue à la caisse des dépôts et consignations l'administration des fonds provenant des caisses d'épargne;

4° L'article 5 de la loi du 22 juin 1845 sur les caisses d'épargne;

5° L'ordonnance du 28 juillet 1846 (articles 1er à 6), concernant les versements que peuvent faire aux caisses d'épargne les remplaçants des armées de terre et de mer et les marins portés sur les contrôles de l'inscription maritime ;

6° L'article 6 de la loi du 15 juillet 1850 sur les sociétés de secours mutuels ;

7° Les articles 1, 2, 3, 5 et 6 de la loi du 30 juin 1851 sur les caisses d'épargne ;

8° L'article 14 du décret du 26 mars 1852 sur les sociétés de secours mutuels ;

9° Le décret du 15 avril 1852 qui détermine le mode de surveillance de la gestion et de la comptabilité des caisses d'épargne ;

10° Les articles 1, 3 et 4 de la loi du 7 mai 1853 sur les caisses d'épargne et qui, notamment, fixe à 4 pour 100 le taux de l'intérêt à servir aux établissements dont il s'agit par la caisse des dépôts et consignations ;

11° Le décret du 15 mai 1858 sur les versements que peuvent faire aux caisses d'épargne les hommes liés au service dans les armées de terre et de mer ;

12° Le décret du 1er août 1864 portant que les préfets pourront, sur la demande des directeurs des caisses d'épargne, autoriser la conversion en rentes sur l'État du cautionnement des caissiers de ces établissements, versé en numéraire à la caisse des dépôts et consignations ;

13° Le décret du 23 août 1875 concernant l'intervention des percepteurs des contributions directes et des receveurs des postes dans le service des caisses d'épargne.

Art. 2. L'ordonnateur et le directeur de l'intérieur sont chargés, chacun en ce qui le concerne, de l'exécution du présent arrêté qui, *avec les statuts et les textes précités*, sera inséré à la *Gazette* et au *Bulletin* officiels de la colonie.

Fait à la Basse-Terre, le 8 février 1881.

MAZÉ.

Par le Gouverneur :

| | |
|---|---|
| *L'Ordonnateur p. i.,* | *Le Directeur de l'intérieur,* |
| DEVILLE. | A. ISAAC. |

DÉCRET.

LE PRÉSIDENT DE LA RÉPUBLIQUE FRANÇAISE,

Sur le rapport du ministre de la marine et des colonies,

Vu les articles 6, 7 et 8 du sénatus-consulte du 3 mai 1854, réglant la constitution des colonies ;

Vu la délibération du conseil général de la Guadeloupe en date du 16 décembre 1879 ;

Vu la délibération du conseil municipal de la Pointe-à-Pitre, du 30 mars 1880 ;

Vu l'avis du gouverneur, en conseil privé, en date du 2 juin 1880 ;

Le conseil d'Etat entendu,

DÉCRÈTE :

Article 1er. La ville de la Pointe-à-Pitre est autorisée à établir une caisse d'épargne.

Sont approuvés les statuts de ladite caisse tels qu'ils sont annexés au présent décret.

Art. 2. La présente autorisation sera révoquée en cas de violation ou de non exécution des statuts approuvés, sans préjudice des droits des tiers.

Art. 3. La caisse d'épargne de la Pointe-à-Pitre sera tenue de remettre, au commencement de chaque année, au gouverneur de la Guadeloupe et dépendances, pour être transmis au ministre de la marine et des colonies, un extrait, en double expédition, de son état de situation, arrêté au 31 décembre précédent.

Art. 4. Sont déclarées exécutoires à la Guadeloupe les lois des 5 juin 1835, 31 mars 1837, 22 juin 1845, 8 mars, 5 et 15 juillet 1850, 24 mai, 18 et 30 juin 1851 et 7 mai 1853 ; l'ordonnance du 28 juillet 1846 et les décrets des 26 mars et 15 avril 1852 et 15 mai 1858, du 1er août 1864 et du 23 août 1875 sur les caisses d'épargne.

Art. 5. La mission de surveillance attribuée, par l'article 21 du décret du 15 avril 1852, aux inspecteurs et receveurs des finances sera exercée, à l'égard de la caisse d'épargne de la Pointe-à-Pitre, par le trésorier payeur et par l'inspecteur des services administratifs et financiers, qui rendront compte au gouverneur du résultat de leurs vérifications.

Art. 6. Le ministre de la marine et des colonies est chargé de l'exécution du présent décret, qui sera inséré au *Bulletin des lois*, au *Journal officiel* de la République française, au *Journal* et au *Bulletin* officiels de la Gnadeloupe.

Fait à Paris, le 14 décembre 1880.

JULES GRÉVY.

Par le Président de la République :

*Le Ministre de la marine et des colonies,*

G. CLOUÉ.

## Annexe A.

*Statuts de la caisse d'épargne de la ville de la Pointe-à-Pitre (Guadeloupe.)*

Article 1er. Il est établi à la Pointe-à-Pitre une caisse d'épargne et de prévoyance destinée à recevoir et à faire fructifier les sommes qui lui sont confiées.

Art. 2. Il sera fait appel aux personnes bienfaisantes pour les inviter à concourir à cette institution philanthropique.

Les souscriptions, dons et legs recueillis en faveur de l'établissement sont employés à lui constituer un fonds de dotation.

Le fonds de dotation s'accroît de l'excédant annuel des recettes sur les dépenses, conformément au paragraphe 1er de l'article 3 ci-après.

Le capital du fonds de dotation est placé soit en immeubles, soit en rentes sur l'État, et ne peut être aliéné sans l'autorisation du gouvernement.

Art. 3. L'excédant annuel des recettes sur les dépenses est employé à constituer à l'établissement un fonds de réserve.

Le maximum de ce fonds est fixé à la somme moyenne des dépenses annuelles d'administration : il est déterminé, au mois de janvier de chaque année, par une délibération du conseil des directeurs, qui établit la somme moyenne des dépenses annuelles d'après les dépenses acquittées pendant les trois dernières années. Lorsque le fond de réserve a atteint son maximum, l'excédant de recettes est porté au fonds de dotation.

Art. 4. La caisse pourvoit à ses dépenses annuelles au moyen de ses recettes ordinaires qui se composent :

1° Des bonifications accordées à l'établissement sur les dépôts ;

2° Des intérêts des fonds de dotation et de réserve ;

3° Des subventions éventuelles du service local. Jusqu'à ce que les bonifications, réunies aux intérêts du fonds de dotation, suffisent aux frais d'administration, le conseil municipal sera tenu de voter, chaque année, sur la demande des directeurs, les sommes nécessaires pour couvrir les dépenses.

En cas d'insuffisance des recettes ordinaires, la caisse est autorisée de plein droit, à imputer l'excédant de ses dépenses sur le capital de réserve.

Une salle de la mairie de la Pointe-à-Pitre sera affectée, sur la demande des directeurs, à l'administration de la caisse.

Art. 5. La caisse est administrée gratuitement par un conseil composé du maire de la ville et de quinze directeurs, dont les fonctions durent trois ans, et qui sont renouvelés par tiers chaque année.

Les directeurs sortants sont indiqués par le sort pour les deux premières années et ensuite par l'ancienneté.

Ils sont indéfiniment rééligibles.

Art. 6. Les quinze directeurs sont choisis, savoir : cinq au moins dans le conseil municipal, et les autres parmi les citoyens les plus recommandables de la ville et particulièrement parmi les souscripteurs. Ils sont à la nomination du conseil.

Art. 7. Le conseil des directeurs se réunit une fois par mois.

Le maire le préside toutes les fois qu'il assiste aux séances. Il peut se faire remplacer par un adjoint.

Les délibérations du conseil sont prises à la majorité des membres présents. La présence de la majorité des membres qui composent ce conseil est nécessaire pour constituer les réunions.

Art. 8. Le conseil des directeurs nomme parmi ses membres, au scrutin secret et à la majorité des suffrages, un vice-président et un secrétaire. La durée de leurs fonctions est d'une année. Ils peuvent être réélus.

Art. 9. Le conseil règle la composition des bureaux, nomme et révoque les employés et fixe leurs traitements.

Art. 10. Le conseil arrête, pour l'administration intérieure de la caisse, un règlement qui est soumis à l'approbation du ministre.

Il statue sur toutes les mesures à prendre dans l'intérêt de la caisse et pour l'exécution des lois, statuts, règlements, instructions, etc. ; il agit en son nom et la représente, il assure la gestion de l'établissement, en vérifie les écritures et en arrête les comptes.

Art. 11. Le conseil peut établir un bureau d'administration composé de cinq membres, dont au moins un conseiller municipal, lesquels sont choisis parmi les directeurs pour régir la caisse et en surveiller le service.

Art. 12. La caisse ne reçoit pas moins de 1 franc par versement du même déposant.

Art. 13. L'intérêt est alloué par la caisse sur toute somme ronde de 1 franc.

Le taux de la retenue à prélever conformément à la loi sur cet intérêt, sera déterminé au mois de décembre de chaque année, pour l'année suivante, par le conseil des directeurs.

L'intérêt est réglé à la fin de chaque année ; il est capitalisé et produit des intérêts pour l'année suivante.

Art. 14. Le livret remis à chaque déposant, conformément à la loi et aux règlements, est numéroté et contre-signé par un directeur et le secrétaire.

On y reproduit textuellement les dispositions de la législation en vigueur sur la quotité des versements, le maximum des dépôts, les achats d'inscription de rente, officieux et volontaires et la conservation par la caisse de ces inscriptions. On y transcrit une instruction sommaire sur les règles auxquelles sont soumis les versements et les remboursements, et notamment sur les conditions essentielles pour la validité des uns et des autres. Le livret est retenu lors du remboursement intégral.

Art. 15. La dissolution de la caisse arrivant pour quelle que cause que ce soit, les valeurs qui resteront libres après le remboursement de tous les dépôts et le payement de toutes les dettes, demeureront destinées à la prolongation et au renouvellement de l'établissement, s'il y a lieu, sinon elles seront, d'après une délibération du conseil, employées à des œuvres de bienfaisance ou d'utilité publique.

Art. 16. Les modifications aux présents statuts seront délibérées par le conseil des directeurs et ne pourront être mises à exécution qu'après avoir été adoptées par le conseil municipal et approuvées par le gouvernement.

Vu pour être annexé au décret du 14 décembre 1880.

*Le Ministre de la marine et des colonies,*
G. CLOUÉ.

---

*Loi relative aux caisses d'épargne.*

(Du 5 juin 1835.)

Rapports du trésor public avec les caisses d'épargne.

. . . . . . . . . . . . . . . . . . . . . . . . . . . . . . . . . . . . . . . . . . . . . . . . . . . . . . . . .

Art. 2. Les caisses d'épargne, autorisées par ordonnances royales, sont admises à verser leurs fonds en compte courant au trésor public.

Art. 3. Il sera bonifié par le trésor public, aux caisses d'épargne, un intérêt de 4 pour 100 jusqu'à ce qu'il en soit autrement décidé par une loi. La retenue à faire, s'il y a lieu, sur les intérêts par les administrations desdites caisses, pour frais de loyer et de bureau, ne pourra excéder un demi pour 100.

Art. 4. Les statuts ne pourront autoriser les déposants à verser aux caisses d'épargne plus de 300 francs par semaine.

. . . . . . . . . . . . . . . . . . . . . . . . . . . . . . . . . . . . . . . . . . . . . . . . . . . . . . . . .

Art. 7. Il sera délivré à chaque déposant un livret en son nom, sur lequel seront enregistrés tous les versements et remboursements.

Faculté de transfert d'une caisse à l'autre.

Art. 8. Tout déposant pourra faire transférer ses fonds d'une caisse à une autre. Les formalités relatives à ce transfert seront réglées par le ministre des finances.

Immunités, avantages et garanties accordés aux caisses d'épargne.

. . . . . . . . . . . . . . . . . . . . . . . . . . . . . . . . . . . . . . . . . . . . . . . . . . . . . . .

Art. 10. Les caisses d'épargne pourront, dans les formes et selon les règles prescrites pour les établissements d'utilité publique, recevoir les dons et legs qui seraient faits en leur faveur.

Art. 11. Les formalités prescrites par les articles 561 et 569 du code de procédure, et par le décret impérial du 18 août 1807, relativement aux saisies-arrêts, seront applicables aux fonds déposés dans les caisses d'épargne.

Fait au palais des Tuileries, le 5ᵉ jour du mois de juin 1835.

Signé LOUIS-PHILIPPE.

Vu et scellé du grand sceau :

*Le Garde des sceaux de France, Ministre Secrétaire d'État au département de la justice et des cultes,*

Signé C. PERSIL.

Par le Roi :

*Le Ministre, Secrétaire d'État au département du commerce,*

Signé T. DUCHATEL.

---

*Loi relative aux caisses d'épargne.*

(Du 31 mars 1837.)

. . . . . . . . . . . . . . . . . . . . . . . . . . . . . . . . . . . . . . . . . . . . . . . . . . . . . . .

Article 1ᵉʳ. La caisse des dépôts et consignations sera chargée, à l'avenir, de recevoir et d'administrer, sous la garantie du trésor public et sous la surveillance de la commission instituée par l'article 99 de la loi du 28 avril 1816, les fonds que les caisses d'épargne et de prévoyance ont été admises à placer en compte courant au trésor, conformément à l'article 2 de la loi du 5 juin 1835. La caisse des dépôts et consignations bonifiera l'intérêt de ces placements à raison de 4 pour 100 par an jusqu'à ce qu'il en ait été autrement décidé par une loi.

. . . . . . . . . . . . . . . . . . . . . . . . . . . . . . . . . . . . . . . . . . . . . . . . . . . . . . .

Fait au palais des Tuileries, le 31ᵉ jour du mois de mars 1837.

Signé LOUIS-PHILIPPE.

Vu et scellé du grand sceau :

*Le Garde des sceaux de France, Ministre Secrétaire d'État au département de la justice et des cultes,*

Signé C. PERSIL.

Par le Roi :

*Le Ministre, Secrétaire d'État au département des finances,*

Signé T. DUCHATEL.

## *Loi relative aux caisses d'épargne.*

(Du 22 juin 1845.)

. . . . . . . . . . . . . . . . . . . . . . . . . . . . . . . . . . . . . . . . . . . . . . . . . . . . . . . . . . . . . . . .

Art. 5. Nul ne pourra avoir plus d'un livret dans la même caisse ou dans des caisses différentes sous peine de perdre l'intérêt de la totalité des sommes déposées.

. . . . . . . . . . . . . . . . . . . . . . . . . . . . . . . . . . . . . . . . . . . . . . . . . . . . . . . . . . . . . . . .

Fait au palais de Neuilly, le 22e jour du mois de juin 1845.

Signé LOUIS-PHILIPPE.

Vu et scellé du grand sceau :

*Le Garde des sceaux de France, Ministre Secrétaire d'État au département de la justice et des cultes,*

Signé N. MARTIN (du Nord).

Par le Roi :

*Le Ministre, Secrétaire d'État au département des finances,*

Signé LAPLAGNE.

------

*Ordonnance du roi concernant les versements à faire aux caisses d'épargne par les remplaçants dans les armées de terre et de mer, et par les marins portés sur les contrôles de l'inscription maritime.*

(Du 28 juillet 1846.)

. . . . . . . . . . . . . . . . . . . . . . . . . . . . . . . . . . . . . . . . . . . . . . . . . . . . . . . . . . . . . . . .

Article 1er. Les remplaçants dans les armées de terre et de mer qui se présenteront pour déposer, en un seul versement, aux caisses d'épargne du royaume, le prix stipulé dans l'acte ou contrat de remplacement, devront produire, à l'appui de leur demande en versement, une expédition authentique du traité du remplacement, si ce traité a été passé par-devant notaires, ou s'il a été fait sous seings privés, une copie conforme, certifiée et signée par les parties et dûment enregistrée.

Art. 2. La production de ce traité devra être accompagnée :

1° Pour les remplacements par substitution de numéros entre les hommes ayant pris part au même tirage, de l'acte de substitution délivré par le préfet;

2° Pour les remplacements admis par les conseils de révision, de l'acte administratif de remplacement passé dans le préfet;

3° Et pour les remplacements qui ont lieu dans les corps des armées de terre et de mer, de l'acte administratif de remplacement dressé par les sous-intendants militaires ou le commissaire aux revues de la marine.

Art. 3. A l'égard des traités provisoires de remplacement passés dans les six derniers mois du service militaire par des hommes qui se trouvent encore sous les drapeaux, le prix pourra en être déposé, à titre provisoire, dans les caisses d'épargne. L'admission de ce dépôt aura lieu sur la production, du traité, accompagné d'un certificat d'acceptation délivré par le conseil d'administration du corps auquel le remplaçant appartient.

Art. 4. Les marins des équipages de ligne, qui seront dans l'intention de verser aux caisses d'épargne le montant des décomptes qui leur seront dus au retour des campagnes qu'ils auront faites sur les bâtiments de l'État, devront, si le montant de ces décomptes s'élève à plus de 300 francs, en faire la déclaration au conseil d'administration de la division à laquelle ils appartiendront. Ils indiqueront la quotité du versement qu'ils veulent faire, lequel ne pourra, toutefois, conformément à l'article 2 de la loi du 22 juin 1845, excéder le maximum de 1,500 francs déterminé par l'article 1er, et il leur sera donné acte de cette déclaration.

Cet acte, signé des membres du conseil d'administration et visé du comnissaire aux revues, énoncera à quel titre la somme est due au marin, sur quel exercice elle est imputée et sur quel bâtiment elle a été acquise.

Les conseils d'administration n'auront point à intervenir dans les versements à faire aux caisses d'épargne; les fonds seront remis dans les formes ordinaires aux marins qui se présenteront eux-mêmes à la caisse d'épargne, munis de l'acte spécifié ci-dessus, lequel restera déposé entre les mains du caissier.

Art. 5. Les marins embarqués sur les bâtiments du commerce et qui voudront jouir des avantages que leur offre l'article 2 de la loi du 22 juin 1845 devront, au moment de leur embarquement ou de leur débarquement, en faire la déclaration au commissaire de l'inscription maritime, et cet administrateur leur en donnera acte dans les formes prescrites par l'article précédent aux conseils d'administration, à l'égard des équipages de ligne. Cet acte, servant à justifier l'origine du fonds, restera déposé à la caisse départie.

Art. 6. Tout versement opéré contrairement aux dispositions de la présente ordonnance ne produira aucun intérêt.

. . . . . . . . . . . . . . . . . . . . . . . . . . . . . . . . . . . . . . .

Signé LOUIS-PHILIPPE.

Par le Roi:

*Le Ministre, Secrétaire d'État au département de l'agriculture et du commerce,*

Signé L. CUNIN-GRIDAINE.

*Loi sur les sociétés de secours mutuels.*

(Des 8 mars, 5 et 15 juillet 1850.)

L'assemblée nationale a adopté la loi dont la teneur suit :

. . . . . . . . . . . . . . . . . . . . . . . . . . . . . . . . . . . . . . . . . . . . . . . . . . . . . .

Art. 6. Lorsque les fonds réunis dans la caisse d'une société de plus de cent membres, s'élèveront au-dessus de la somme de 3,000 francs, l'excédant sera versé à la caisse des dépôts et consignations.

Si la société est composée de moins de cent membres, ce versement pourra avoir lieu lorsque les fonds réunis dans sa caisse dépasseront 1,000 francs.

Le taux de l'intérêt des sommes déposées est fixé à 4 1/2 pour 100 par an jusqu'à ce qu'il ait statué autrement par une loi.

Les sociétés de secours mutuels pourront faire aux caisses d'épargne des dépôts de fonds égaux à la totalité de ceux qui seraient permis au profit de chaque sociétaire individuellement.

. . . . . . . . . . . . . . . . . . . . . . . . . . . . . . . . . . . . . . . . . . . . . . . . . . . . . .

Délibérée en séance publique, à Paris, les 8 mars, 5 et 15 juillet 1850.

*Le Président et les Secrétaires,*

Signé LÉON FAUCHER, vice-président; ARNAUD (de l'Ariège), LACAZE, PEUPIN, CHAPOT, BÉRARD, DE HEECKEREN.

La présente loi sera promulguée et scellée du sceau de l'État.

*Le Président de la République,*
Signé LOUIS-NAPOLÉON BONAPARTE.

*Le Garde des sceaux, Ministre de la justice,*
Signé E. ROUHER.

---

*Loi sur les caisses d'épargne.*

(Des 24 mai, 18 et 30 juin 1851.)

. . . . . . . . . . . . . . . . . . . . . . . . . . . . . . . . . . . . . . . . . . . . . . . . . . . . . .

Article 1er. A partir de la promulgation de la présente loi, aucun versement ne sera reçu par les caisses d'épargne sur un compte dont le crédit aura atteint 1,000 francs, soit par le capital, soit par la cumulation des intérêts.

Art. 2. Lorsque, par suite du réglement annuel des intérêts, un compte excédera le maximnm fixé par l'article précédent, si le déposant, pendant un délai de trois mois, n'a pas réduit son crédit au-dessous de cette limite, l'administration de la caisse d'épargne achètera, pour son compte 10 francs de rente en 5 pour 100 de la dette inscrite, lorsque le prix sera au-dessous du pair, et en 3 pour 100, si le cours de la rente 5 pour 100 dépasse cette limite. Cet achat aura lieu sans frais pour le déposant.

Art. 3. Les remplaçants dans les armées de terre et de mer continueront à être admis à déposer, en un seul versement, le prix stipulé dans l'acte de remplacement, à quelque somme qu'il s'élève.

Les marins portés sur les contrôles de l'inscription maritime continueront pareillement à être admis à déposer, en un seul versement, le montant de leur solde, décomptes et salaires, au moment, soit de leur embarquement, soit de leur débarquement, à quelque somme qu'il s'élève. Les dispositions de l'article 2 seront appliquées à ces divers dépôts pour les ramener au maximum fixé par l'article 1er. Toutefois, les remplaçants n'y seront soumis qu'à l'expiration de leur engagement.

. . . . . . . . . . . . . . . . . . . . . . . . . . . . . . . . . . . . . . . . . . . . .

Art. 5. Tout déposant dont le crédit sera de somme suffisante pour acheter 10 francs de rente au moins, pourra faire opérer cet achat sans frais par les soins de l'administration de la caisse d'épargne.

Art. 6. Dans le cas où le déposant ne retirerait pas les titres de rente achetés pour son compte, l'administration de la caisse d'épargne en restera dépositaire, et recevra les semestres d'intérêts au crédit du titulaire.

. . . . . . . . . . . . . . . . . . . . . . . . . . . . . . . . . . . . . . . . . . . . .

Délibéré en séance publique, à Paris, les 24 mai, 18 et 30 juin 1851.

*Le Président et les Secrétaires,*

Signé Dupin, Lacaze, Chapot, Peupin, Bérard, Yvan, Moulin.

La présente loi sera promulguée et scellée du sceau de l'État.

*Le Président de la République,*

Signé LOUIS-NAPOLÉON BONAPARTE.

*Le Garde des sceaux, Ministre de la justice,*

Signé E. ROUHER

## Décret sur les sociétés de secours mutuels.

### (Du 26 mars 1852.)

Art. 14. Les sociétés de secours mutuels approuvées pourront faire aux caisses d'épargne des dépôts de fonds égaux à la totalité de ceux qui seraient permis au profit de chaque société individuellement.

Elles pourront aussi verser dans la caisse des retraites au nom de leurs membres actifs les fonds restés disponibles à la fin de chaque année.

Signé Louis NAPOLÉON.

*Le Ministre de l'intérieur,*
**E. PERSIGNY.**

---

## Décret qui détermine le mode de surveillance de la gestion et de la comptabilité des caisses d'épargne.

### (Du 15 avril 1852.)

Article 1er. Les opérations de chaque caisse d'épargne sont dirigées et surveillées par un conseil de directeurs ou d'administrateurs.

Les statuts déterminent la composition et les fonctions du conseil.

Art. 2. En cas d'insuffisance du nombre de ces membres, le conseil des directeurs ou des administrateurs peut choisir des directeurs ou des administrateurs adjoints qui remplissent, lorsque la caisse d'épargne est ouverte au public, les mêmes fonctions que les directeurs ou administrateurs. Le conseil peut également les appeler à concourir, avec voix consultative, à ses délibérations ou leur confier une partie de ses travaux. Ils sont nommés pour un an et peuvent être réélus.

Art. 3. Lorsque la caisse d'épargne est ouverte au public, les directeurs ou administrateurs de service doivent être présents à toutes les opérations et apposer, séance tenante, leur visa sur les livrets.

Art. 4. A l'expiration de chaque jour de recette ou de payement, des procès-verbaux constatent et résument les opérations de la journée, ainsi que l'état de la caisse et du portefeuille. Ces procès-verbaux doivent être certifiés et arrêtés, séance tenante, par les directeurs et administrateurs de service.

Art. 5. L'intérêt des fonds versés aux caisses d'épargne qui reçoivent le dimanche commence à courir le dimanche suivant et cessent le dimanche qui précède le remboursement. La même règle s'appliquent aux caisses d'épargne dont les jours de recettes sont autres que les dimanches, en prenant pour point de départ ou pour terme des intérêts, le jour de la semaine correspondant à celui du versement.

Art. 6. Les caisses d'épargne sont assujetties à un mode de comptabilité uniforme. Les éléments principaux de cette comptabilité sont : un registre matricule destiné à recevoir la signature des personnes qui versent pour la première fois, et tous les renseignements que la caisse doit conserver sur chaque déposant; un répertoire formé à l'aide de cartons mobiles et servant à retrouver les noms des déposants au registre matricule; les livrets remis au déposants, un livre de comptes courants individuels; les relevés et pièces nécessaires pour la préparation de toutes les opérations qui se rattachent à ces comptes courants; le livre-journal, où toutes les opérations sont résumées jour par jour; le grand-livre, où les opérations sont classées par nature à des comptes généraux; les balances du livre des comptes courants et du grand-livre; les autorisations et procurations à exiger des personnes qui versent ou qui demande des remboursements pour le compte de tiers; les bordereaux détaillés, quittances et bulletins à préparer lors des versements, lors des demandes de remboursement et pour des transferts d'une caisse à une autre, les demandes d'achats de rentes et les bordereaux et pièces qui sont la conséquence de ces achats; un registre d'entrée et de sortie des inscriptions de rentes; un carnet des placements faits à la caisse des dépôts.

Art. 7. Indépendamment des registres mentionnés à l'article précédent, l'administration peut prescrire aux caisses d'épargne dont les opérations sont étendues : un double du livre des comptes courants pour servir de contrôle; un livre des comptes divisionnaires dans lequel sont résumés, à des comptes généraux, les résultats des comptes courants d'un certain nombre de déposants. Lorsque les comptes divisionnaires sont nombreux et ne représentent que les fractions d'une série de déposants, les résultats des comptes de la série sont portés en masse à un compte général de grand-livre.

Art. 8. La balance du grand-livre se fait chaque semaine. La balance des comptes divisionnaires se fait tous les mois. La balance des comptes individuels doit être établie à la fin de chaque année et dans un délai qui ne peut excéder trois mois.

Ces balances doivent concorder rigoureusement entre elles aux époques où elles sont susceptibles de rapprochement.

Art. 9. Les fonds sont renfermés dans une caisse à deux clefs. L'une des clefs reste au caissiers, l'autre est déposée entre les mains d'un administrateur, qui est tenu d'assister à l'ouverture et à la fermeture de la caisse. Le portefeuille contenant les inscriptions de rentes doit être renfermé dans la même caisse.

Art. 10. Les fonds reçus par les caisses d'épargne doivent être immédiatement versés à la caisse des dépôts et consignations ou à ses préposés dans les départements. Chaque établissement ne peut conserver en caisse que la somme jugée indispensable pour assurer le service jusqu'au plus prochain jour de recette.

Art. 11. Après chaque jour de recette, les caissiers des caisses d'épargne établissent, certifient et transmettent immédiatement au préposé de la caisse des dépôts et consignations une situation sommaire indiquant : 1° la somme qui existait en caisse au jour correspondant de la semaine précédente ; 2° la totalité des recettes effectuées depuis cette époque et l'addition de ces recettes avec l'encaisse ; 3° la totalité des payements faits pendant la même période ; 4° la différence exprimant le nouveau solde en caisse sur lequel sera imputé le versement à faire à la caisse des dépôts. Les situations hebdomadaires ainsi produites sont réunies, par les préposés de la caisse des dépôts, aux pièces justificatives de recettes qu'ils doivent fournir à cette caisse.

Art. 12. Les retraits à faire sur les fonds placés à la caisse des dépôts ne peuvent s'effectuer qu'en vertu d'un avis préalable signé de deux administrateurs au moins, dont un seul pourra être un administrateur adjoint. Cet avis détermine la somme dont le remboursement doit être fait au caissier de la caisse d'épargne. Le remboursement est ensuite opéré par le préposé de la caisse des dépôts sur la quittance du caissier de la caisse d'épargne. Cette quittance est réunie à l'avis préalable des administrateurs, et les deux pièces constituent les justifications que les receveurs des finances doivent produire à la caisse des dépôts, à l'appui des remboursements.

Art. 13. Lorsqu'une caisse d'épargne a établi des succursales, les agents préposés aux recettes et aux payements qui peuvent avoir lieu dans les succursales remplissent leurs fonctions sous la surveillance du caissier de la caisse d'épargne. Leurs opérations doivent faire partie intégrante de la gestion du caissier. Ils forment les bordereaux détaillés des versements qui leur sont faits et des remboursements qu'ils opèrent. Ils dressent et certifient, conjointement avec les administrateurs délégués auprès de la succursale, des procès-verbaux résumant et constatant les opérations de chaque jour de recette ou de remboursement. Les fonds existant entre les mains du préposé sont transmis sans délai à la caisse d'épargne, ainsi que les bordereaux, procès-verbaux et pièces à l'appui; et le caissier rattache à sa comptabilité les opérations de la succursale, comme s'il les eût effectuées personnellement. Les dispositions des articles 3 et 4 relatives à l'intervention des administrateurs dans les opérations de chaque jour de recette sont applicables aux administrateurs placés près des succursales.

Art. 14. Une comptabilité spéciale est tenue pour les inscriptions de rentes achetées au nom des déposants ou provenant de la consolidation.

Art. 15. Les caisses d'épargne ne peuvent être dépositaires que des inscriptions de rentes provenant : 1° de la consolidation (décret du 7 juillet 1848) ; 2° des achats volontaires opérés conformément à l'article 6 de la loi du 22 juin 1842 et à l'article 5 de la loi du 30 juin 1851 ; 3° des achats d'office opérés en exécution de la loi du 30 juin 1851. Celles de ces inscriptions qui auraient été remises à leurs propriétaires ne peuvent plus être reçues en dépôt par les caisses d'épargne.

Art. 16. Les inscriptions de rentes dont les caisses d'épargne restent dépositaires sont inscrites dans un registre spécial divisé en trois parties distinctes. Chaque partie de ce registre est exclusivement réservée à l'une des catégories d'inscriptions énumérées dans l'article précédent.

Art. 17. Lorsqu'une inscription est rendue, l'agent de la caisse d'épargne retire en échange un récépissé du propriétaire ou de son fondé de pouvoirs, et porte la date de la sortie dans une colonne spéciale du livre d'inscription.

Art. 18. Dans les départements autres que celui de la Seine, les agents des caisses d'épargne préposés à la direction du service, à la tenue des écritures, à la manutention des fonds et valeurs, sont placés sous la surveillance des receveurs des finances, qui peuvent vérifier par eux-mêmes ou par leurs fondés de pouvoirs les écritures et la situation de la caisse, toutes les fois qu'ils le jugent convenable. Ces vérifications doivent avoir lieu au moins une fois par trimestre. La caisse d'épargne de Paris est placé sous la surveillance directe du ministre des finances, qui en fait vérifier, quand il le juge convenable, la situation et les écritures.

Art. 19. En commençant leurs vérifications, les receveurs des finances doivent en donner avis au président du conseil des directeurs ou des administrateurs ou à celui qui le remplace, afin qu'il puisse, s'il le juge convenable, assister à la vérification, conjointement avec l'administrateur rendu dépositaire d'une des clefs de la caisse, en conformité de l'article 9. Ils reconnaissent l'existence matérielle des fonds et des inscriptions de rentes déclarés par les écritures. Ils s'assurent de la régularité de la comptabilité dans ses diverses parties. Ils examinent si les règlements et instructions sont observés. Ils communiquent leur rapport au comptable vérifié ; les observations sont inscrites en marge. Enfin, ils peuvent prendre provisoirement toute mesure d'urgence jugée nécessaire. Ils adressent au président du conseil des directeurs ou des administrateurs copie certifiée de leur procès-verbal et de leur rapport ; ils lui donnent avis des mesures d'urgence qu'ils auraient prises afin de le mettre en mesure de pourvoir aux nécessités du service. Les rapports et procès-verbaux sont, en outre, adressés au ministre des finances, qui les communique aux ministres de l'intérieur, de l'agriculture et du commerce, et se concerte avec eux sur la suite à leur donner.

Art. 20. Les receveurs des finances veillent à ce que les encaisses leur soient exactement versés, sous la seule réserve des fonds nécessaires au service courant, comme il est dit à l'article 10.

Art. 21. Les caisses d'épargne sont soumises aux vérifications des inspecteurs des finances. Les inspecteurs peuvent porter leur examen et leurs investigations sur toute la gestion des établissements. Ils doivent vérifier la régularité des écritures et l'exactitude de la caisse et du portefeuille. Ils examinent si l'organisation du personnel des agents présente les garanties convenables; si les procédés de comptabilité employés par la caisse d'épargne sont suffisants; s'ils remplissent les conditions d'uniformité voulues par l'article 6 ou s'il y aurait lieu de les étendre, conformément à l'article 7 ; enfin, si les versements à la caisse des dépôts ont lieu régulièrement et dans les limites déterminées par les articles 10 et 20. Ils rendent comptent de leurs vérifications et soumettent leurs propositions au ministre des finances qui communique leurs rapports aux ministres de l'intérieur, de l'agriculture et du commerce, avec lesquels il se concerte sur la suite à donner à ces propositions. Les inspecteurs des finances se conforment d'ailleurs, lors de leurs vérifications, aux dispositions prescrites au receveur des finances par l'article 19.

Art. 22. Les caissiers et sous-caissiers proposés aux surcursales des caisses d'épargne sont soumis à l'obligation de fournir un cautionnement.

Art. 23. Le conseil des directeurs ou des administrateurs fixe le montant du cautionnement du caissier et des sous-cais-

siers, mais sans que ce cautionnement puisse être inférieur à
2 pour 100 de la recette d'une année moyenne. La recette
d'une année moyenne est évaluée d'après les recettes effectuées
pendant les cinq dernières années, en tenant compte tant des
sommes versées par les déposants que des retraits de fonds
opérés à la caisse des dépôts et consignations. Toutefois, si le
cautionnement déterminé d'après cette base, dépasse 20,000 fr.
dans les départements et 40,000 francs à Paris, il peut être
ramené à ce taux.

Art. 24. Pour les caisses d'épargne nouvellement établies,
le cautionnement est fixé par les ministres de l'intérieur, de
l'agriculture et du commerce, sur la proposition du conseil des
directeurs ou administrateurs. Lorsque la caisse compte cinq
ans d'existence, le cautionnement est régularisé en conformité
de l'article 23.

Art. 25. Le cautionnement de chaque comptable est réglé
pour toute la durée de ses fonctions.

Art. 26. Le cautionnement doit être réalisé à la caisse des
dépôts et consignations, sous les conditions déterminées pour
les dépôts des établissements publics.

Art. 27. Le cautionnement doit être versé en numéraire.
Néanmoins, sur la demande du conseil des directeurs ou
administrateurs, les caissiers des caisses d'épargne peuvent être
autorisés à réaliser leur cautionnement en rentes sur l'État,
cette autorisation ne peut être accordée que par une décision
spéciale des ministres de l'intérieur, de l'agriculture et du
commerce, rendue sur l'avis conforme du ministre des finances,
laquelle décision détermine quel sera le montant du cautionnement. Le capital des rentes, constituées en cautionnement,
est évalué conformément à l'ordonnance du 19 juin 1825.

Art. 28. Les ministres de l'intérieur, de l'agriculture et du
commerce, de concert avec le ministre des finances, déterminent
la forme des registres et pièces de comptabilité à l'usage des
caisses d'épargne et indique, avec détail, les procédés à suivre
pour la tenue des écritures, pour le calcul et la capitalisation
des intérêts, pour le mode spécial de comptabilité concernant
les inscriptions des rentes, et pour les relations avec les déposants.

Fait au palais des Tuileries, le 15 avril 1852.

Signé LOUIS-NAPOLÉON.

Par le Président :

| | |
|---|---|
| *Le Ministre de l'intérieur,* | *Le Ministre des finances,* |
| Signé F. DE PERSIGNY. | Signé BINEAU. |

*Loi relative aux caisses d'épargne.*
(Du 7 mai 1853.)

. . . . . . . . . . . . . . . . . . . . . . . . . . . . . . . . . . . . . . . . . . .

Article 1er. A partir du 1er juillet 1853, l'intérêt bonifié aux caisses d'épargne, par la caisse des dépôts et consignations, est fixé à 4 pour 100.

. . . . . . . . . . . . . . . . . . . . . . . . . . . . . . . . . . . . . . . . . . .

Art. 3. Les certificats de propriété destinés aux retraits de fonds versés dans les caisses d'épargne doivent être délivrés dans les formes et suivant les règles prescrites par la loi du 28 floréal an VII.

Art. 4. Lorsqu'il s'est écoulé un délai de trente ans, à partir, tant du dernier versement ou remboursement que de tout achat de rente ou de toute autre opération effectuée à la demande des exposants, les sommes que détiennent les caisses d'épargne aux comptes de ceux-ci sont placées en rentes sur l'État, et les titres de ces rentes comme les titres de rentes achetées, soit en vertu de la loi du 22 juin 1845, soit en vertu de la loi du 30 juin 1851, à la demande des déposants ou d'office, sont remis à la caisse des dépôts et consignations pour le compte des déposants. A partir du même moment, et jusqu'à la réclamation des déposants, le service des arrérages de la rente est suspendu. Les reliquats des placements en rentes ci-dessus énoncés, et les sommes qui, à raison de leur insuffisance, n'auraient pu être converties en rentes sur l'État demeureront, à la même époque, acquis définitivement aux caisses d'épargne. A l'égard des versements faits sous la condition stipulée par le donateur, que le titulaire n'en pourra disposer qu'après une époque déterminée, le délai de trente ans ne court qu'à partir de cette époque. A l'égard des sommes déposées pour le compte des remplaçants dans les armées de terre et de mer, le délai de trente ans ne court qu'à partir de l'expiration de leur engagement. Dans tous les cas, les noms des déposants seront publiés au *Moniteur* et dans la feuille d'annonces judiciaires de l'arrondissement où est située la caisse d'épargne dépositaire, six mois avant l'expiration du délai de trente ans fixé ci-dessus.

. . . . . . . . . . . . . . . . . . . . . . . . . . . . . . . . . . . . . . . . . . .

Fait au palais des Tuileries, le 7 mai 1853.

Signé NAPOLÉON.

Vu et scellé du grand sceau :

Par l'Empereur :

*Le Garde des sceaux, Ministre secrétaire d'État au département de la justice et des cultes,*
Signé ABBATUCCI.

*Le Ministre d'État,*
Signé ACHILLE FOULD.

## Décret du 15 mai 1858.

(En exécution de l'article 2 de la loi du 22 juin 1845.)

Article 1er. Les hommes liés au service, dans les armées de terre et de mer, suivant les conditions déterminées par la loi du 26 avril 1855 et le décret du 9 janvier 1856, qui voudront jouir de la faveur accordée aux remplaçants dans les armées de terre et de mer, par la loi du 30 juin 1851, sur les caisses d'épargne, devront satisfaire aux conditions suivantes :

Art. 2. Les militaires et marins admis à contracter un rengagement et les engagés volontaires après libération, qui se présenteront pour déposer en un seul versement, aux caisses d'épargne, toute portion de prime, à eux payable, soit au début, soit dans le cours de la durée du service, conformément aux articles 12 et 14 de la loi du 26 avril 1855 et à l'article 26 du décret du 9 janvier 1856, produiront, suivant qu'ils seront rengagés ou engagés :

Une expédition de l'acte de rengagement dressé par le sous-intendant militaire ou par le commissaire de la marine ;

Ou une expédition de l'acte d'engagement volontaire après libération reçu par le maire et visé par le sous-intendant militaire ou par le commissaire de la marine.

Ils produiront, en outre, un certificat constatant l'origine et le montant des deniers, délivré par le comptable qui leur aura remis les fonds.

Art. 3. Les remplaçants admis par application de l'article 15 de la loi du 26 avril 1855, qui voudront déposer, en un seul versement, soit la totalité, soit toute portion du prix de leur remplacement, produiront une expédition de l'acte administratif de remplacement dressé par le sous-intendant militaire ou par le commissaire de la marine, conformément aux articles 64 et 65 du décret du 9 janvier 1856.

Art. 4. Les remplaçants admis par application de l'article 10 de la loi du 26 avril 1855 continueront à produire les justifications exigées par l'article 1er et l'article 2, §§ 1 et 2, de l'ordonnance du 28 juillet 1846.

. . . . . . . . . . . . . . . . . . . . . . . . . . . . . . . . . . . . . . . . . . .

Signé NAPOLÉON.

Par l'Empereur :

*Le Ministre, Secrétaire d'État*
*au département de l'intérieur,*

Signé ESPINASSE.

*Décret impérial portant que les préfets pourront, sur la de-
mande des directeurs des caisses d'épargne, autoriser la conversion en rentes sur l'État du cautionnement des caissiers
de ces établissements versé en numéraire à la caisse des dépôts et consignations.*

(Du 1er août 1864).

Napoléon, par la grâce de Dieu et la volonté nationale,
empereur des Français, à tous présents et avenir, salut:
Sur le rapport de notre ministre, secrétaire d'État au dépar-
tement de l'agricultnre, du commerce et des travaux publics;
Vu le décret du 15 avril 1852;
Vu l'ordonnance du 19 juin 1825;
Vu l'avis de notre ministre, secrétaire d'État au département
des finances en date du 3 mai 1864;
Notre conseil d'État entendu,

Avons décrété et décrétons ce qui suit:

Article 1er. Les préfets peuvent, sur la demande des directeurs des caisses d'épargne, autoriser la conversion en rentes
sur l'État du cautionnement des caissiers de ces établissements
versé en numéraire à la caisse des dépôts et consignations.

Cette conversion aura lieu en 3 pour 100, au taux de 75 fr.,
conformément à l'ordonnance du 19 juin 1825 susvisée.

Notre ministre, secrétaire d'État au département de l'agriculture, du commerce et des travaux publics, est chargé de
l'exécution du présent décret, qui sera inséré au *Bulletins des
lois.*

Fait à Vichy, le 1er août 1864.

Signé NAPOLÉON.

Par l'Empereur:

*Le Ministre, Secrétaire d'État au département
de l'agricultuee, du commerce et des travaux publics,*
Signé ARMAND BÉHIC.

___

*Décret concernant l'intervention des percepteurs des contribu-
tions directes et des receveurs des postes dans le service des
caisses d'épargne.*

(Du 23 août 1875.)

LE PRÉSIDENT DE LA RÉPUBLIQUE FRANÇAISE,
Sur le rapport des ministres des finances et de l'agriculture
et du commerce,

DÉCRÈTE:

Article 1er. Les percepteurs des contributions directes et les receveurs des postes dont le concours aura été demandé par les administrations des caisses d'épargne pourront, sur l'avis conforme du ministre de l'agriculture et du commerce, être autorisés par le ministre des finances à recevoir les versements et à effectuer les remboursements pour le compte des caisses d'épargne de leur département.

Art. 2. Les caisses d'épargne peuvent obtenir le concours soit de tous les percepteurs et receveurs des postes du département, soit seulement d'un certain nombre de ces comptables, déterminé par la situation ou l'importence des localités.

Art. 3. Les opérations s'effectuent, savoir:

1° Par les percepteurs:

Au siége de la résidence du comptable, tous les jours non fériés autres que ceux fixés par les règlements pour les tournées de recouvrement et de mutations ou pour les versements à la recette des finances;

Dans les autres communes de la perception, les jours fixés pour les tournées réglementaires de recouvrements;

2° Par les receveurs des postes:

Dans les communes où il n'existe pas de percepteur, tous les jours, au siége du bureau de poste;

Dans les communes où réside un percepteur, les jours où l'absence de ce comptable est autorisée par les règlements.

Les informations nécessaires à cet égard sont portées à la connaissance du public au moyen d'une affiche placardée dans les bureaux des percepteurs et des receveurs des postes.

Les comptables du trésor n'ont pas à intervenir dans les villes et communes où les caisses d'épargne ont leur siége principal ou possèdent une succursale permanente.

Art. 4. Les percepteurs et receveurs des postes dont le concours aura été autorisé seront munis d'une commission spéciale émanée du conseil d'administration de la caisse d'épargne.

Cette commission devra être contre-signée pour autorisation, soit par le trésorier payeur général, soit par le directeur des postes du département.

Art. 5. Tout versement fait à un percepteur ou à un receveur des postes, pour le service des caisses d'épargne, donne lieu à la délivrance d'une quittance à souche. Les versements sont ultérieurement consignés par le caissier de la caisse d'épargne sur le livret qui doit être déposé entre les mains des comptables du trésor.

Les demandes de remboursements sont également accompagnées du livret correspondant. Un bulletin de dépôt en est remis à la partie.

Les livrets sont restitués aux déposants, en échange de la quittance à souche ou du bulletin de dépôt, dans les délais déterminés par le ministre des finances.

Les livrets qui n'auront pas été réclamés dans le mois qui suivra l'expiration des détails ci-dessus seront renvoyés au siége de la caisse d'épargne, et il incombera aux ayants-droit de les y faire retirer directement.

En cas de perte des quittances à souche ou bulletins de dépôt, il peut y être suppléé par une déclaration de perte formée par le déposant et visée par le maire de sa résidence. Les comptables du trésor peuvent d'ailleurs exiger telles justifications que de droit en vue de sauvegarder leur responsabilité.

Art. 6. Le concours des percepteurs et des receveurs des postes sera rémunéré au moyen d'une remise fixe de dix centimes pour chacun des versements ou remboursements effectués par leurs soins, et cette remise sera à la charge des caisses d'épargne.

Aucune rémunération n'est allouée aux receveurs des finances. Les receveurs principaux des postes n'ont droit à la remise de dix centimes que pour les opérations accomplies à leur propre bureau.

Les états, bordereaux et autres formules imprimées, nécessaires au service, à l'exception du journal à souche et des registres de comptabilité, seront fournis gratuitement aux comptables par les caisses d'épargne.

Art. 7. Les receveurs des finances sont responsables, vis-à-vis des caisses d'épargne, de la gestion des percepteurs de leur arrondissement, sauf leurs recours, en cas de débet, sur le cautionnement de ces derniers comptables. En cas d'insuffisance du cautionnement des percepteurs et si le déficit provient de force majeure ou de circonstances indépendantes de la surveillance du receveur des finances, celui-ci peut obtenir la décharge de sa responsabilité, conformément à l'article 545 du décret du 31 mai 1862.

Le trésor a la même responsabilité et le même recours contre les receveurs de l'administration des postes à l'égard des opérations effectuées par eux.

Art. 8. La demande formée par la caisse d'épargne à l'effet d'obtenir le concours des percepteurs et des receveurs des postes emporte de plein droit adhésion non-seulement aux conditions énoncées tant dans le présent décret que dans les arrêtés du ministre des finances en date de ce jour, mais encore aux décisions et mesures d'exécution qui pourraient être ultérieurement prises par le même ministre, sauf recours au conseil d'État.

Art. 9. Les quittances de sommes déposées aux caisses d'épargne, ainsi que les quittances de sommes remboursées aux déposants, sont exemptes du timbre.

Art. 10. Le ministre de l'agriculture et du commerce et le ministre des finances sont chargés, chacun en ce qui le concerne, de l'exécution du présent décret, qui sera inséré au *Bulletin des lois* et au *Journal officiel*.

Fait à Paris, le 23 août 1875.

Signé M<sup>al</sup> DE MAC-MAHON.

*Le Ministre de l'agriculture et du commerce,*

Signé C. DE MEAUX.

*Le Ministre des finances,*

Signé LÉON SAY.

# RÈGLEMENT INTÉRIEUR

## POUR L'ADMINISTRATION

# DE LA CAISSE D'ÉPARGNE

### DE

## LA POINTE-A-PITRE (GUADELOUPE)

## CHAPITRE PREMIER.

### § 1ᵉʳ. — *Dispositions générales.*

Article 1ᵉʳ. La caisse d'épargne établie à la Pointe-à-Pitre par
décret du 14 décembre 1880 sera administrée dans les formes
et d'après les dispositions de détail qui font l'objet du présent
réglement.

### 2. — *Du conseil des directeurs.*

Art. 2. Le conseil des directeurs est chargé d'organiser le
service de la caisse et de le diriger dans toutes ses parties, en
se conformant aux prescriptions générales des lois et aux règles
particulières des statuts; il a sous ses ordres un caissier et un
commis aux écritures, dont la nomination lui appartient.

Art. 3. Le conseil des directeurs est réuni en séance ordinaire
dans les cinq premiers jours de chaque mois, sur la convoca-

tion de son président. Cette convocation est faite par voie de circulaire ouverte et collective, portant indication de l'heure et du lieu de la séance. Le conseil des directeurs peut aussi être convoqué en séance extraordinaire; dans ce dernier cas, la circulaire énoncera en outre sommairement les motifs de la convocation. Dans tous les cas, la circulaire devra être communiquée aux membres du conseil vingt-quatre heures au moins avant la réunion.

Art. 4. Dans sa séance mensuelle, le conseil se fait rendre compte des opérations du mois écoulé, examine les bordereaux de recette et de dépense, les compare aux procès-verbaux d'opérations des directeurs, et les rapproche, les uns et les autres, des livres de comptabilité; il paraphe le journal et signe la balance du grand-livre et la situation des comptes individuels, après s'être assuré de leur exactitude et de leur concordance avec le solde en caisse.

Le conseil autorise les dépenses d'administration de quelque nature et quotité qu'elles soient; il fixe les émoluments du caissier et de tout autre agent, dont l'emploi serait jugé nécessaire, il décide enfin de toutes les questions relatives à l'usage qui pourrait être fait des ressources de la caisse.

L'exécution de ses décisions est confiée au bureau d'administration dont il sera parlé ci-après.

Art. 5. Le compte annuel de la caisse est vérifié en séance extraordinaire, et le rapport en est fait au conseil municipal par celui de ses membres que désignera le conseil des directeurs.

### § 3. — *Du secrétaire.*

Art. 6. Le directeur secrétaire a dans ses attributions le classement, la présentation, la lecture et la conservation ultérieure de toutes les pièces qui doivent être communiquées au conseil, à l'exception des livres de comptabilité. Ces derniers sont présentés par le caissier, et remis en sa possession, à l'issue de chaque séance.

Le secrétaire rédige les procès-verbaux des délibérations du conseil et en surveille l'inscription sur le registre à ce destiné; il signe les procès-verbaux transcrits au registre, concurremment avec le directeur de service.

### § 4. — *Du bureau d'administration.*

Art. 7. Un bureau d'administration composé de cinq membres est chargé, conformément à l'article 11 des statuts, de régir la caisse et d'en surveiller le service. Il se réunit au moins

deux fois par mois; à chacune de ses réunions de quinzaine,
il désigne deux de ses membres qui sont chargés, tour à tour,
sous son contrôle, et sous le nom de directeurs semainiers,
de l'exécution pour les deux semaines suivantes des décisions
du conseil.

Il veille à la stricte application des lois, décrets, statuts et
réglements relatifs à la caisse d'épargne, et en cas de diffi-
cultés quelconque, il provoque, s'il le juge nécessaire, la
convocation extraordinaire du conseil des directeurs.

Il exerce, dans la limite des décisions du conseil et des actes
organiques de la caisse d'épargne, tous les pouvoirs attribués
au conseil des directeurs.

Il fait rapport au conseil, à chaque séance mensuelle sur
tous les faits qui lui paraissent de nature à intéresser le fonc-
tionnement de l'établissement.

Il est responsable envers le conseil de l'exécution de son
mandat.

### § 5. — *Des directeurs semainiers.*

Art. 8. Le directeur délégué par le bureau d'administration pour diriger le service de la semaine exerce dans la
limite des actes d'exécution toute l'autorité attribuée à ce
bureau lui-même.

Art. 9. Le directeur semainier est détenteur de l'une des
clefs de la caisse, qui ne peut conséquemment être ouverte
sans son concours; il assistera, en personne, à toutes les
entrées et sorties de valeurs, et visera, séance tenante, les
pièces justificatives de ces mouvements.

Il tiendra la main à ce que les versements et remboursements ne soient effectués que selon les formes décrites à
l'article de la caisse, et après production des pièces ou com-
munication des titres qui y seront mentionnés.

Il fera verser, à la caisse des dépôts et consignations, à
l'issue de chaque recette et dans les vingt-quatre heures au
plus tard, les fonds qui excèderaient ceux nécessaires pour
les besoins de la semaine, et visera le récépissé constatant ce
versement.

Il dressera procès-verbal de toutes les opérations accomplies
entre l'ouverture et la fermeture de la caisse, et en fera parvenir un double au secrétaire du conseil. Le primata restera
déposé dans la caisse.

Il veillera à ce que toutes les écritures soient mises au
courant, dans un délai de trois jours, après celui pendant
lequel les opérations matérielles de la caisse ont eu lieu.

Art. 10. A la fin de la semaine, et la veille du jour où la

caisse devra être ouverte au public, le directeur quittant le service remettra au directeur qui lui succède, celle des clefs de la caisse dont il est détenteur. Les valeurs contenues dans ladite caisse seront préalablement mises à découvert et comparées avec les écritures. Lorsqu''il y aura concordance, les deux directeurs parapheront, de concert, le carnet des valeurs et les livres de comptabilité; lorsqu'il y aura désaccord, ils dresseront procès-verbal du fait, et le directeur entrant fera parvenir, sans délai, au président du conseil, une copie de ce procès-verbal.

La même marche sera suivie en cas de déficit ou de désordre d'écritures reconnus par un directeur semainier pendant la durée de ses fonctions.

Art. 11. La correspondance de la caisse sera tenue par le directeur de service. Les lettres écrites et reçues seront successivement transmises au secrétaire pour être communiquées au conseil dans sa séance ordinaire.

## CHAPITRE II.

### DE LA CAISSE, DE SES OPÉRATIONS ET DES GARANTIES QU'ELLE RÉCLAME.

—

### § 1er. — *Des archives.*

Art. 12. Les archives de la caisse se composant des livres de comptabilité définitivement clos et remplacés, des livrets annulés ou soldés, de la correspondance, des procès-verbaux des délibérations du conseil, de toutes les pièces qui ont appuyé les écritures et qui doivent servir à la vérification des comptes, seront conservées par le caissier, sous les ordres directs et la surveillance du secrétaire du conseil.

Art. 13. Les archives seront ouvertes aux membres du conseil, qui ne pourront toutefois en exiger le déplacement. Elles ne pourront être consultés par d'autres personnes sans une autorisation écrite du secrétaire.

### § 2. — *De la caisse.*

Art. 14. La caisse sera placée dans une des salles de la mairie de la Pointe-à-Pitre. Elle sera ouverte, tous les dimanches de huit heures à onze heures du matin et tous les jeudis de trois heures à cinq heures du soir.

Le public sera prévenu par voie d'affiches et d'insertions, dans toutes les feuilles de la colonie, du jour où elle devra commencer à fonctionner, et subséquemment, de toutes les modifications qui seraient apportées, soit aux heures d'ouverture, soit au nombre ou à la durée des périodes d'opérations.

Art. 15. Toutes les valeurs appartenant à la caisse d'épargne, le numéraire, les inscriptions de rentes, les récépissés de la banque et autres, s'il y a lieu, seront renfermées dans un coffre à deux serrures, dont les clefs seront tenues séparément, l'une par le directeur de service, et l'autre par le caissier.

Les fonds provenant de la recette y seront déposées dans l'intervalle qui séparera la clôture des opérations du versement à faire à la caisse des dépôts et consignations.

Art. 16. Les entrées et sorties de valeurs, y compris celles des fonds mentionnés dans le dernier paragraphe de l'article précédent, seront inscrites, avec indication de dates et de motifs, sur un carnet divisé en autant de colonnes qu'il y aura de nature de valeurs en maniement. Les restes ou totaux réunis de ces colonnes seront arrêtés en toutes lettres à la fin de chaque opération, et certifiés par les signatures du directeur de service et du caissier.

Le carnet ne sera jamais laissé hors de la caisse.

## § 3. — *Des versements.*

Art. 17. Ceux qui se présenteront la première fois pour verser à la caisse d'épargne devront préalablement établir leur indentité par pièces ou par témoins.

Art. 18. Les militaires des armées de terre et de mer, les marins de l'État ou du commerce produiront spécialement, à l'appui des dépôts qui excéderaient 300 francs, les pièces exigées par l'ordonnance royale du 28 juillet 1846.

Les remplaçants qui ont traité sous l'empire de la loi du 21 mars 1832 (article 10 de la loi du 26 avril 1855), annexent à l'acte de remplacement ou de substitution une expédition authentique du traité de remplacement, si ce traité lui-même est authentique, ou une copie conforme, certifiée et signée par les parties, et dûment enregistrée, si l'acte est fait sous-seing privé (loi du 28 juillet 1846).

Art. 19. Les marins de l'État ou du commerce qui voudraient verser le montant d'un décompte de solde, supérieur à 300 francs, devront apporter, à l'appui de leur demande de versement : les premiers, un certificat du conseil d'administration du bord auquel ils appartiennent, visé du commissaire aux armements ; les autres, un certificat du commissaire de l'inscription maritime attestant l'origine des fonds, leur quotité, et l'intention formellement déclarée par le marin d'en faire le placement dans la caisse (loi du 28 juillet 1846).

Art. 20. Le mandataire d'une société de secours mutuel est dans l'obligation de faire précéder son versement du dépôt d'un exemplaire de ses statuts et de toutes les pièces exigées par lesdits statuts pour la validité des placements de fonds.

Art. 21. Après examen des pièces susindiquées et constatation de l'identité des déposants, leurs versements seront acceptés, et le livret de compte courant leur sera délivré.

Art. 22. Lorsqu'un premier versement a été fait, il suffira, pour l'acceptation des versements successifs, que le déposant produise son livret.

Cette disposition n'est pas applicable aux sociétés de secours mutuel ; elles sont tenues aux mêmes productions, sauf celle de l'exemplaire des statuts, pour tous les versements.

Art. 23. La seule condition admise par la caisse, au sujet des versements, est que les sommes déposées ne deviendront disponibles qu'à une époque déterminée.

### § 4. — *Des remboursements.*

Art. 24. Ceux qui voudraient retirer tout ou partie des sommes qu'ils ont dans la caisse, devront se présenter le jour et aux heures de l'ouverture de la caisse, et déclarer au caissier leur intention ; celui-ci leur délivrera un bulletin de déclaration, qu'ils garderont huit jours, et sur la présentation duquel, à l'expiration de ce délai, ils toucheront leurs fonds.

Art. 25. A défaut de présentation dans la huitaine, le bulletin de déclaration cesse d'être valable, et le déposant qui aurait omis de retirer ses fonds, est assujetti à la formalité d'une nouvelle demande et d'un nouveau délai de huit jours.

Art. 26. Nul payement ne pourra se faire sur un compte dont le livret correspondant ne serait pas présenté. La partie qui recevra devra donner quittance ; mais cette quittance peut être suppléée par une déclaration de *vu payer*, signée de deux témoins, si la partie elle-même est illettrée.

Art. 27. La femme mariée doit annexer à sa quittance le consentement écrit et signé de son mari.

Art. 28. Si la personne qui se présente pour recevoir n'est que le mandataire du déposant, il devra joindre à sa quittance une procuration authentique ou sous-seing privé, dûment légalisée.

Art. 29. Les sommes appartenant aux mineurs et interdits ne sont remises qu'à leurs parents, tuteurs ou curateurs.

Art. 30. Le titulaire d'un dépôt conditionnel qui veut en obtenir le retrait, doit fournir la preuve que la condition imposée a été remplie et le dépôt disponible. Pour les remplaçants militaires, cette preuve est contenue dans un certificat de présence au corps ou de libération définitive, visé par le commissaire de la marine.

Art. 31. Les cessionnaires de livrets sont tenus à justifier de leur identité. L'acte de cession, lorsqu'il sera sousseing privé, devra avoir été passé devant le maire de la commune du déposant, signé par lui et dûment légalisé.

Art. 32. Les sociétés de secours mutuel ne peuvent retirer leurs fonds de la caisse sans justifier de l'accomplissement des formalités exigées par leurs statuts, pour les cas de l'espèce. Si les statuts ne prescrivent rien à cet égard, le mandataire de la société devra être porteur d'une procuration de son conseil d'administration, signée de tous les membres, sans exception.

Art. 33. La rentrée en caisse d'une partie des sommes déposées à la caisse des dépôts et consignations s'opère au moyen d'un bordereau de demande de fonds, établi et signé par le caissier, et approuvé par le directeur de service.

### §.5. — *Des achats de rentes.*

Art. 34. Les demandes d'achat de rentes pourront être écrites ou verbales. Dans ce dernier cas, la déclaration du demandeur sera reçue par le caissier, en présence du directeur de service, sur un registre *ad hoc*, et certifiée de l'un et de l'autre.

L'achat de rente, ayant le caractère d'un remboursement, entraîne la production de toutes les pièces exigées pour les retraits de fonds.

Art. 35. Les demandes d'achat de rentes feront l'objet de bordereaux distincts, par nature de rentes, qui seront préparés par le caissier et soumis à l'approbation du conseil des directeurs dans sa séance mensuelle. Le directeur semainier, qui prendra le service à l'issue de cette séance, les fera parvenir à la caisse des dépôts et consignations pour la suite à donner.

Art. 36. Les bordereaux ci-dessus feront connaître :

Les noms et prénoms de chaque déposant ;

La somme à convertir en rentes ou le chiffre de la rente à acheter ;

Le lieu de payement des arrérages.

Pour les mineurs, interdits, veuves ou femmes mariées, ils indiqueront en outre :

Les noms des maris, parents, tuteurs ou curateurs, l'âge des mineurs.

Art. 37. Les frais d'acquisition des rentes sont remboursés par la caisse d'épargne à la caisse des dépôts et consignations, au vu des pièces justificatives desdits frais.

Art. 38. La caisse délivre un récépissé des inscriptions achetées, lorsqu'elles lui sont remises, les frappe du timbre de l'établissement, y porte les numéros des livrets auxquels elles se rattachent, et en constate l'entrée sur son registre au compte des titulaires. Elle délivre en même temps à la caisse des dépôts et consignations un récépissé de la somme convertie.

Art. 39. Les inscriptions délivrées aux titulaires sont portées sorties sur le registre, et la caisse exige un récépissé faisant foi de cette remise.

## CHAPITRE III.

### § 1er. — *Du registre matricule et du livret. — Du registre matricule et du répertoire alphabétique.*

Art. 40. Le registre matricule est l'élément fondamental de la comptabilité. Il sert à recevoir les noms et prénoms des déposants, leurs signatures, l'indication de leur domicile ; si ce sont des mineurs ou interdits, les noms de leurs parents, tuteurs ou curateurs ; si ce sont des femmes mariées, leurs noms d'alliance, enfin tous les renseignements qui sont de nature à édifier complétement l'administration de la caisse sur l'identité des porteurs de livrets.

Art. 41. Un répertoire mobile, composé d'une suite de cartes détachées, qui reproduisent chacune le nom d'un déposant, ses prénoms, sa date de naissance, le numéro de son livret, son nom d'alliance, s'il y a lieu, est constamment tenu à jour, par ordre alphabétique, pour les besoins du registre matricule.

Art. 42. Les tables correspondantes aux comptes soldés sont frappées du timbre *annulé* et classées séparément.

### § 2. — *Du livret.*

Art. 43. Le livret est le titre et la propriété du déposant ; il est nominatif.

Les livrets sont numérotés d'avance, en toutes lettres

et en chiffres, revêtus de la signature d'un directeur, et marqués du timbre de l'établissement.

Ils servent à l'inscription successive de tous les versements faits à la caisse et de tous les remboursements qu'elle effectue.

Art. 44. Le livret peut être momentanément détenu, pour les besoins de la caisse, et remplacé dans les mains de son propriétaire, par un bulletin de dépôt, qui lui sert de titre provisoire.

Art. 45. En cas de perte, le livret est remplacé par un duplicata ; mais celui-ci n'est délivré qu'un mois après la date de la demande faite par le propriétaire du livret perdu. Il en est pris note au registre matricule.

Si le livret primitif est retrouvé, il est réintégré à la caisse et annulé.

## CHAPITRE IV.

### DU CAISSIER, DE SES DEVOIRS ET ATTRIBUTIONS.

Art. 46. Le caissier a seul le maniement des fonds de la caisse et la tenue des écritures ; il agit sous les ordres du directeur de service.

Art. 47. Il est responsable des pertes ou déficits de deniers qui ne proviendraient pas de circonstances de force majeure, et se trouve par suite assujetti à un cautionnement.

Le montant de ce cautionnement sera fixé par le gouverneur, sur le rapport du directeur de l'intérieur et la proposition du conseil des directeurs.

Art. 48. Le caissier devra se tenir à son poste, les jours d'ouverture de caisse, pendant tout le temps fixé pour les opérations de recette et de payement. Aucune de ces opérations ne pourra être effectuée par lui, sous quelque prétexte que ce soit, en l'absence du directeur de service.

Art. 49. Avant de procéder à une recette ou à un remboursement de fonds, le caissier exigera la production de toutes les pièces mentionnées au titre des garanties (art. 16 à 31, et les soumettra à l'examen du directeur de service. Il retiendra lesdites pièces à l'appui de sa comptabilité, sauf celles énumérées dans l'article 16, qui seront restituées aux déposants.

Art. 50. Lorsque le caissier reçoit un premier versement il inscrit sur le registre matricule et sur une des cartes alphabétiques du répertoire mobile, dont il est parlé à l'article 41, les nom, prénoms, et domicile, et le numéros du livret du déposant ; il fait apposer, par celui-ci, sur la matricule seulement, un exemplaire de sa signature, ou mentionne spécialement, suivant le cas, qu'il ne sait pas signer.

Art. 51. Pour tous les versements en général, il porte, en toutes lettres et en chiffres, la somme reçue sur le livret, le signe, le fait viser du directeur de service et le remet à la partie; il inscrit la même somme sur son bordereau de recette, en regard du nom du déposant et du numéro de son livret.

Le bordereau de recette est totalisé à la fin de chaque séance, comparé, tant avec celui du directeur de service, qu'avec le montant effectif des fonds versés, et sert ensuite de base au passement des écritures.

Art. 52. Lorsqu'il procède à un remboursement, le caissier après avoir reconnu, de concert avec le directeur de semaine, la validité des pièces produites, inscrit la somme payée sur le livret en toutes lettres et en chiffres, certifie l'inscription et la fait viser du directeur.

Art. 53. Chaque somme payée est annotée au moment du payement, et d'aprés le livret même, sur un bordereau de remboursement préparé à l'avance, et la partie prenante donne quittance, soit par elle-même, soit par signatures de témoins, en marge dudit bordereau.

Cette pièce, dont les résultats sont comparés, au moment de la fermeture de la caisse, avec ceux obtenus par le directeur de semaine, sert de pièce justificative de dépense et de base à sa comptabilité.

Art. 54. Dès la clôture des opérations hebdomadaires, le caissier dressé un bordereau, par nature de valeurs, des fonds qui doivent être reversés à la caisse des dépôts et consignations, et le soumet au visa du directeur; lorsque le versement est opérée, il soumet également au visa du directeur le récépissé du trésor et le dépose dans la caisse avec les valeurs de porte-feuille.

Art. 55. Les récépissés à délivrer au trésor, soit pour retraits des fonds, soit pour remise d'inscriptions de rentes ou de toute autre valeur, sont souscrits par le caissier. Il donne quittance des arrérages de rentes portés au crédit du compte des déposants ou de la dotation; il retire, sous sa responsabilité, et rapporte à la caisse les récépissés des sommes versées au trésor ou portées, par mouvement de compte, à son débit.

## CHAPITRE V.

### DES INTÉRÊTS.

Art. 56. Les intérêts sont calculés, tant sur les versements que sur les remboursements, pour tout le temps compris entre la date de ces opérations et le dernier jour de l'année pendant laquelle elles sont faites. La différence des produits des deux natures d'intérêts est portée, le 31 décembre, au crédit des déposants.

Art. 57. Lorsqu'il s'agit de solder un compte en cours d'exercice, l'intérêt du solde demandé, calculé du jour de la demande au 31 décembre suivant, est ajouté à l'intérêt des sommes précédemment remboursées, et la situation du déposant s'établit comme il est indiqué ci-dessus.

## CHAPITRE VI.

### DE LA COMPTABILITÉ

Art. 58. La comptabilité de la caisse d'épargne sera tenue en partie double, conformément aux principes posés dans le décret du 15 avril 1852.

Les principaux livres nécessaires à cette comptabilité, sont :
Un livre journal ;
Un grand-livre ;
Un livre de comptes individuels ;
Un registre des inscriptions de rentes déposées.

Tous ces livres seront côtés et paraphés par le président du tribunal de première instance.

Art. 59. Les opérations hebdomadaires de la caisse, consignées d'abord avec détail sur les bordereaux de recettes et de dépenses, tenus contradictoirement par le caissier et par le directeur de service, sont ensuite réunies par groupes correspondants aux comptes du grand livre et passées, en un seul article, au brouillard. Lorsque le directeur de service a visé le brouillard, les opérations sont transcrites, au net, sur le livre journal et reportées sur le grand-livre.

Les comptes individuels sont apostillés d'après les bordereaux de détail, aussitôt après l'établissement des écritures sur le brouillard.

Art. 60. Les comptes qui devront être ouverts au grand-livre, pour la classification des opérations de la caisse, sont au nombre de neuf, savoir :

1° Le compte de la dotation ;
2° Le compte caisse ;
3° Le compte divers, L/C de dépôt ;
4° Le compte caisse de dépôts et consignations ;
5° Le compte frais généraux ;
6° Le compte profits et pertes ;
7° Le compte inscriptions de rentes en dépôts ;
8° Le compte divers, L/C de dépôt en inscriptions de rentes ;

9° Le compte arrérages des inscriptions en dépôt.

L'actif de l'établissement sera représenté par les soldes débiteurs, et son passif par les soldes créditeurs des comptes énumérés ci-dessus.

Art. 61. Chaque mois les comptes sont totalisés et reportés, par crédit et débit, sur une feuille de balance ; les deux dernières colonnes de cette feuille servent à tirer les soldes créditeurs et débiteurs des comptes, dont les totaux doivent toujours présenter la plus parfaite égalité.

Art. 62. Il est également dressé, par mois, d'après le livre des comptes individuels, une situation nominative de l'avoir à la caisse des déposants. Le résultat donné par cette pièce doit concorder exactement avec le solde créditeur du compte n° 3.

Art. 63. La balance, la situation des comptes individuels et le bordereau des valeurs renfermées dans la caisse, sont présentés, avec le livre journal, au conseil des directeurs dans la première séance qui suivra la clôture des opérations mensuelles.

Art. 64. Le registre des inscriptions de rentes déposées est tenu de manière à ce que l'entrée et la sortie des titres soient constatées, sur la même feuille, en regard l'une de l'autre. Chaque compte est conséquemment divisé en deux parties, qui contiennent respectivement le nombre de colonnes nécessaires pour l'inscription :

Du numéro du livret ;
Du nom du titulaire de la rente ;
Du numéro de la série de l'inscription du montant de la rente ;
Du numéro d'ordre à l'entrée ;
Du numéro d'ordre à la sortie.

Une situation des titres existants est remise au conseil des directeurs, dans sa première réunion de chaque mois, en même temps que les états dont il est parlé à l'article précédent.

## CHAPITRE VII.

### DISPOSITIONS SPÉCIALES.

Art. 65. Les dispositions de l'instruction ministérielle du 4 juin 1857, sur la gestion et la comptabilité des caisses d'épargne métropolitaines, sont applicables à la caisse d'épargne de la Pointe-à-Pitre, en tout ce qui n'est pas contraire au présent règlement.

Ce présent règlement a été discuté et approuvé en conseil des directeurs dans la séance du 12 février 1882.

|  |  |
|---|---|
| *Le Secrétaire,* | *Le Président,* |
| Cʜ. GERVAIS. | C. NICOLAS. |

Vu et soumis à l'approbation de M. le gouverneur, en conseil privé.

*Le Directeur de l'intérieur,*

A. ISAAC.

Approuvé en conseil privé dans la séance du 20 février 1882.

*Le Gouverneur,*
L. LAUGIER.